Remerciements

L'éditeur remercie Bricolo Factory pour son aimable autorisation d'utiliser le nom déposé : Bricolo-récup.

Direction éditoriale : Christophe Savouré
Direction artistique : Danielle Capellazzi et Thérèse Jauze
Édition : Christine Hooghe
Conception et réalisation graphique : Claude Poirier
Fabrication : Catherine Maestrati
Photographies : Olivier d'Huissier
Illustrations : Christophe Boncens

Dépôt légal : mai 2003
Photogravure : Quatre images
Imprimé en Belgique par Proost
ISBN : 978-2-215-07465-6
4e édition - n°92746 - février 2008

Loi n°49-956 du 16 juillet 1949 sur les publications destinées à la jeunesse.

LES PETITS CRÉATEURS

Bricolo-récup

Vanessa Lebailly

À mon petit bricoleur et à son papa

FLEURUS
www.editionsfleurus.com

Les secrets pour tout réussir

La récup

La vie de tous les jours offre plein de trésors à détourner pour fabriquer des merveilles !

- Garde les emballages en carton et en plastique : boîtes de céréales, briques de lait, bouteilles d'eau ou de jus de fruits, tubes de dentifrice, pots de yaourt, etc.
- Conserve aussi la mousse de protection des colis, le polystyrène, les boîtes de fromages, quelques bouchons...
- Fouine dans la maison avec l'autorisation de ton papa ou de ta maman pour trouver d'autres objets à détourner : des éponges, de la ficelle, un peu de fil de fer, des cure-dents, des chutes de tissus...

Autre matériel

Pour faire des têtes ou des yeux à tes personnages ou à tes animaux en récup, prévois des boules de cotillon, quelques perles ou encore des yeux mobiles.

Petits conseils

Protège la table avec une toile cirée. Enfile un tablier ou des vêtements usagés.

Lave les emballages qui ont contenu des aliments et laisse-les sécher. Pour que la colle et la peinture adhèrent mieux, frotte les emballages en plastique ou en carton plastifié avec du papier de verre fin.

Les collages

Utilise de la colle blanche (vinylique rapide) vendue en petit bidon. Laisse-la bien sécher avant de manipuler ta réalisation.

La peinture

Choisis de la peinture acrylique, plus couvrante que la gouache. Sers-toi d'une assiette en carton en guise de palette. Pour unifier les emballages, passe une première couche de peinture blanche avant les autres couleurs. Après utilisation, lave tes pinceaux à l'eau savonneuse.

La bruine : trempe une vieille brosse à dents dans de la peinture bien diluée, puis gratte-la au-dessus de l'objet pour obtenir une pluie de peinture.

Pour éviter qu'elles roulent, peins les perles et les boules de cotillon sur une brochette ou le manche d'un pinceau. Laisse-les sécher dans un verre.

Chiens lunaires

Matériel • ***grosses éponges • boules de cotillon • perles en bois blanches • • cure-dents • ciseaux • peinture • pinceaux • papier aluminium • colle •***

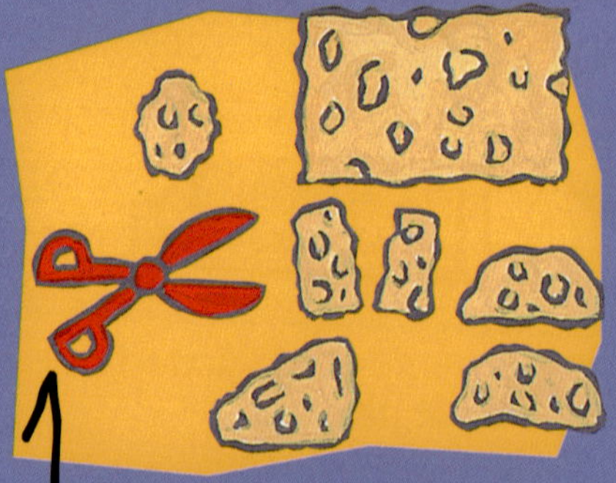

1

Dans une éponge, découpe un grand morceau pour le corps. Recoupe des rectangles ou des carrés pour la tête, les oreilles, les pattes et la queue.

2

Trempe les formes dans de la peinture bien diluée, puis étale-la. Laisse sécher sur du papier aluminium. Peins une boule de cotillon pour le nez.

3

Avec des cure-dents encollés, assemble les pattes et la tête au corps. Colle les oreilles et la queue. Laisse sécher.

4

Colle 2 perles pour les yeux et la boule de cotillon pour le nez. Laisse sécher.

5

Peins des gros pois sur le corps du chien. Pour les pupilles, peins le trou des perles en noir avec un pinceau fin.

Pour allonger les pattes ou la queue, coupe des morceaux de fil de fer avec l'aide d'un adulte. Enfile-les dans de la cordelette. Encolle les extrémités et enfonce-les dans l'éponge.

Chamboule-chats

Matériel • *6 petites briques de lait à bouchon verseur • papier de verre fin •*
• peinture • pinceaux • papier de couleur • une paire de chaussettes usées •
• chutes de feutrine ou de tissu • ficelle • colle • ciseaux •

Les chats

1

Enlève les bouchons. Rince les briques et laisse-les sécher. Colle des rectangles de papier sur les trous.

2

Décolle les oreilles. Frotte les briques avec du papier de verre.

3

Peins les briques d'une couleur unie. Laisse sécher. Dessine les rayures et le visage avec un pinceau fin.

4

Pour les moustaches, découpe des bandelettes de papier. Plie-les en accordéon et colle-les de chaque côté du nez.

La souris

Rentre les chaussettes l'une dans l'autre. Colle 6 brins de ficelle pour les moustaches. Dans la feutrine ou le tissu, découpe des oreilles, des yeux, un nez et une queue. Colle-les.

À tour de rôle, les joueurs empilent les chats et lancent la souris pour en renverser le maximum. Que le meilleur gagne !

Moutons frisés

Matériel ***• polystyrène • sac en plastique • boules de cotillon de différentes tailles • • cure-dents • colle • chute de feutrine ou de papier de couleur • marqueur noir • • peinture • pinceaux • ciseaux • perles (facultatif) •***

1

Dans un sac en plastique, gratte un morceau de polystyrène pour lui donner la forme d'une boule.

2

Pour les pattes, encolle 4 cure-dents et pique-les dans 4 petites boules de cotillon. Encolle l'extrémité des pattes et enfonce-les dans le corps.

3

Peins les pattes, une boule de cotillon pour la tête et un grain de polystyrène pour le nez. Laisse sécher.

4

Assemble la tête au corps avec un cure-dents encollé. Colle des petits morceaux de polystyrène pour la queue et les frisettes, puis le nez.

5

Colle 2 oreilles découpées dans de la feutrine ou du papier. Dessine des points noirs ou colle des perles pour les yeux.

Pour réaliser un bélier cornu, déforme 2 trombones gainés et plante-les dans la tête.

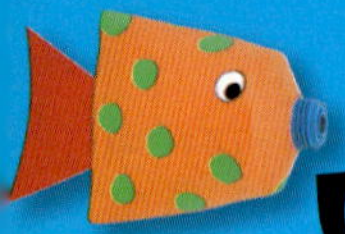

Joli aquarium

Matériel ***• boîte à chaussures • papier épais • carton fin • papier vert • • tubes en plastique • fil de fer fin • papier de verre fin • peinture • pinceaux • • brosse à dents • pinces à linge • ciseaux • colle • yeux mobiles •***

1

Colle des bandes ondulées en papier épais autour de la boîte. Peins-la entièrement. Pulvérise de la peinture avec une brosse à dents à l'intérieur.

2

Découpe des algues et colle-les dans le fond. Décore les 4 coins de l'aquarium avec des petits motifs découpés dans du carton fin puis peints.

3

Pour les poissons, raccourcis les tubes. Rince-les bien. Frotte-les avec le papier de verre.

4

Découpe des queues dans du papier épais. Colle-les en les glissant dans l'ouverture. Ferme les tubes. Maintiens avec des pinces à linge pendant le séchage.

5

Peins les poissons. Décore-les selon ta fantaisie. Laisse-les sécher. Colle des yeux mobiles.

Finitions

Demande à un adulte de percer le haut de l'aquarium et les poissons de part en part.
Pour accrocher les poissons, glisse des brins de fil de fer dans les trous et noue-les.

Tu peux utiliser une agrafeuse pour fixer la queue des poissons et fermer les tubes. Si tu n'as pas d'yeux mobiles, colle des gommettes blanches et dessine les pupilles au feutre.

Grenouilles musicales

Matériel *• 2 pots de yaourt • mousse d'emballage • cordelette ou lacet • • boules de cotillon • graines ou riz • peinture • pinceaux • colle • ciseaux • • chute de feutrine • marqueur noir •*

1

Découpe les pattes dans la mousse. Demande à un adulte de faire 2 trous par pot et de percer les pattes.

2

Coupe 4 morceaux de cordelette. Encolle les extrémités. Enfonce-les dans les trous des pots puis fixe les pattes.

3

Découpe une langue en feutrine. Colle-la sur le pot du dessous. Verse des graines.

4

Colle le deuxième pot, puis 2 boules de cotillon pour les yeux. Laisse sécher.

5

Peins la grenouille en laissant sécher entre les couleurs. Dessine les yeux au marqueur. En avant la musique !

Tu peux remplacer
la mousse d'emballage
par du carton fin
et la feutrine par du papier
de couleur.

Pêle-mêle

Matériel ***• plateau de chocolats à cases • carton • photos • crayon • règle • colle • • ciseaux • peinture • pinceaux •***

1

Découpe un carré ou un rectangle dans le plateau de chocolats. Peins-le et décore-le en laissant sécher entre les couleurs.

2

Découpe les photos et colle-les dans chaque case.

3

Retourne le pêle-mêle de photos sur du carton. Reporte 3 fois ses contours. Mesure 2 cm tout autour et trace les traits.

4

Demande à un adulte de découper les 3 cadres, puis un rectangle de la même taille pour le fond.

5

Colle les cadres sur le fond en les superposant. Peins-les. Laisse bien sécher. Colle le pêle-mêle au centre.

Colle une attache en toile gommée au dos du pêle-mêle pour le suspendre. Pour le poser, fabrique un pied en collant 3 rectangles de carton les uns sur les autres. Peins-le avant de coller le pêle-mêle dessus.

Drôles de trousses

Matériel ***• rouleaux en carton de différentes longueurs • carton fin • • boules de cotillon • bouchon en liège • velcro autocollant • ciseaux • colle • • peinture • pinceaux • agrafeuse •***

1

Pour la tête, raccourcis un rouleau et coupe-le dans la longueur. Agrafe-le en formant un cône. Choisis la longueur du corps.

2

Sur du carton, trace 2 ronds pour fermer la trousse de chaque côté. Dessine les pattes, les oreilles, la queue et le bord du chapeau. Découpe.

3

Demande à un adulte de découper un morceau de bouchon. Colle tous les éléments sur les rouleaux. Laisse bien sécher.

4

Peins ton animal et 3 boules de cotillon pour le museau et les yeux. Laisse sécher. Colle les yeux et le museau.

5

Découpe 2 morceaux de velcro. Colle le côté à boucles des morceaux sur le rebord du corps et le côté piquant en face, dans la tête.

À toi d'inventer d'autres modèles ! Et pourquoi pas une très longue trousse mille-pattes, une sauterelle ou même une voiture ?

Famille Lapins

Matériel • ***bouteilles en plastique • ficelle • papier de verre fin • papier épais • • boules de cotillon • carton • scotch • colle ou scotch double-face • brosse à dents • ciseaux •***

1

Vide bien la bouteille puis écrase-la. Scotche 6 brins de ficelle dans le goulot. Encolle le bouchon et revisse-le.

2

Découpe 2 oreilles de papier et 2 pieds en carton. Pour les coller, ponce la bouteille, appuie bien, puis laisse sécher longtemps.

3

Passe une couche de peinture grossièrement en allant dans les plis. Laisse sécher. Repeins en t'appliquant bien.

4

Peins les pieds, le museau et les moustaches, puis 2 boules de cotillon pour les yeux. Laisse sécher.

5

Peins les taches et pulvérise de la peinture diluée à la brosse à dents. Laisse sécher. Colle les yeux.

Pour éviter de salir le museau et les pattes quand tu pulvérises la peinture, emballe-les dans du papier d'aluminium.

Bilboquets gourmands

Matériel ***•grands gobelets en carton • carton : ondulé et fin • • papier : épais, vert, absorbant • boules de cotillon • balle de ping-pong • • fil de coton • feutre noir • colle • crayon • peinture • pinceaux •***

1

Dessine : la tête au dos du carton ondulé, les bras et les pieds sur du carton fin, des dents avec des languettes sur du papier. Découpe.

2

Raccourcis le gobelet. Colle les dents en pliant les languettes, la tête et les bras. Colle les pieds l'un sur l'autre.

3

Pour le fruit, recouvre la balle de morceaux de papier absorbant encollé en enfermant l'extrémité d'un fil. Laisse sécher.

4

Peins le fruit, 3 boules de cotillon, les pieds, puis le monstre en laissant sécher entre les couleurs.

5

Colle des feuilles de papier vert sur le fruit. Demande à un adulte de percer le fond du gobelet. Glisse le fil et fais un nœud. Colle les pieds, le nez et les yeux. Dessine les pupilles.

Si tu te sens assez habile, découpe le gobelet en faisant des créneaux pour les dents : tu n'auras plus besoin de les découper dans le papier épais.

Rois à ressort

Matériel • ***balle de ping-pong • carton fin • carton ondulé ou papier épais • • rouleau en carton • perle • fil de fer fin • ciseaux • peinture • pinceaux • colle • • cure-dents • stylo correcteur blanc • feutres • crayon •***

1

Dessine une collerette, des mains et des pieds sur du carton fin, puis une petite couronne sur la face lisse du carton ondulé. Découpe.

2

Peins un rouleau, une balle, une perle et les éléments en carton. Laisse sécher. Peins les pois, les détails des chaussures et de la collerette.

3

Demande à un adulte de percer la balle, les pieds, les mains et 4 trous sur le corps. Enroule 4 brins de fil de fer autour d'un crayon.

4

Attache les mains et les pieds à une extrémité des ressorts en tortillant le fil de fer. Accroche l'autre extrémité dans les trous du corps.

5

Colle la collerette, la tête à l'aide d'un cure-dents, puis la couronne. Dessine les yeux au correcteur blanc, puis les détails du visage aux feutres. Colle le nez.

Pour te raconter plein d'histoires, transforme ton petit roi en marionnette, en fixant un bâton à l'intérieur du rouleau !

Jeu des plongeurs

Matériel ***• plateau à œufs • carton fin • carton ondulé (facultatif) • papier de couleur • • bouchons en liège • boules de cotillon • brosse à dents usagée • peinture • pinceaux • • marqueur noir • stylo correcteur blanc • feutres • règle • crayon • colle • ciseaux •***

La piscine

1

Sur du carton fin (ou du carton ondulé), dessine des bandes de vagues de la longueur et de la hauteur des côtés du plateau à œufs.

2

Découpe les bandes de vagues. Colle-les autour du plateau. Laisse bien sécher.

3

Peins la piscine en bleu. Laisse sécher. Avec la brosse à dents, pulvérise de la peinture blanche diluée.

4

Découpe des petits décors en carton fin. Peins-les, laisse-les sécher, puis colle-les tout autour de la piscine.

Qui plongera le mieux et pêchera le plus de bonbons ? Pour réaliser, tous les plongeurs, le plongeoir et connaître la règle du jeu, tourne vite la page !

Jeu des plongeurs

Le plongeoir

1

Découpe une bande de carton de 3 x 15,5 cm. Peins-la. Peins aussi un bouchon. Laisse bien sécher.

2

Colle le bouchon sur l'envers de la bande, à environ 3 cm d'une de ses extrémités. Laisse sécher avant de retourner le plongeoir.

Les plongeurs

1

Colle des boules de cotillon sur des bouchons en liège. Laisse bien sécher. Peins les personnages.

2

Décore les vêtements avec un pinceau fin. Dessine les yeux avec un marqueur noir et un stylo correcteur. Pour les autres détails du visage, utilise des feutres.

3

Colle des bandelettes de papier sur la tête des filles. Plie-les ou enroule-les. Colle une petite bande frangée pour la houppette des garçons.

Règle du jeu

Dans chaque case de la piscine, on dispose des petits bonbons. À tour de rôle, les joueurs font sauter leur plongeur. S'il tombe dans une case remplie de bonbons, le joueur les gagne. Sinon, il passe son tour. Au fur et à mesure, le suspens grandit, car le nombre de cases remplies diminue !

Variante : On peut disposer des morceaux de papier totalisant de 1 à 4 points. Les coups manqués font perdre 1 point. À la fin de la partie, les points de chaque joueur sont additionnés pour définir le vainqueur.

Clown malin

Matériel *• 5 à 6 boîtes de fromages rondes de différentes tailles • carton • • crayon • colle • bâtonnet en bois • ciseaux • peinture • pinceaux •*

1

Reporte le contour de chaque partie des boîtes sur du carton. Découpe. Colle les ronds sur les couvercles ou les fonds correspondants pour les fermer.

2

Dans du carton, découpe des bras, un chapeau, des cheveux et des oreilles en ajoutant des petites languettes.

3

Colle les éléments en carton en repliant les languettes. Sur la tête, colle aussi 3 ronds de carton pour les yeux et le nez.

4

Peins toutes les pièces. Laisse bien sécher. Demande à un adulte de percer toutes les pièces du corps de part en part, au centre.

5

Enfile le bâtonnet dans une des boîtes, puis colle les pieds dessous. Fixe la tête sur le haut du corps.

Préparer environ 7 pièces pour le corps, 2 pour les pieds, 1 pour la tête, puis empile-les.
Le bâtonnet doit avoir la même mesure que la hauteur du corps, pieds compris.

Animaux coureurs

Matériel *• petites boîtes en carton (céréales) • papier épais • papier de couleur • • carton • compas • cordelette • brochettes fines en bois • colle • ciseaux • petit bâton • • peinture • pinceaux • règle •*

1

Referme la boîte et recolle-la. Si cela est nécessaire, bouche l'ouverture avec du papier épais.

2

Sur du carton, dessine les différentes parties de la tête d'un animal et sa queue. Trace des cercles : 4 de 5 cm et 4 de 2 cm de diamètre. Découpe tout.

3

Peins les éléments en carton, la boîte et le bâton. Laisse sécher. Avec l'aide d'un adulte, fais 4 petits trous dans la boîte et 1 trou dans chaque roue.

4

Assemble les roues avec des morceaux de brochettes encollés. Colle les petits ronds par-dessus en les enfonçant légèrement.

5

Colle la tête et la queue. Ajoute des moustaches en papier. Fais un trou à l'avant, puis glisse une cordelette encollée. Noue l'autre extrémité sur le bâton.

Enroule la cordelette le plus vite possible autour du bâton pour faire courir ton animal. À deux joueurs ou plus, on peut faire la course en marquant une ligne de départ.

Table des matières

Tu aimes bricoler ?
Tu trouveras d'autres idées dans les livres des Éditions Fleurus

Collection Les Petits Créateurs

Pâte à sel
Mousse
Papier
Argile
Papier mâché
Bricolo-Récup
Pâques
Papier crépon
Noël
Mosaïque
Déguisements
Flocons de maïs
Maquillages
Maison de poupées
Château fort
Petits bijoux
Rouleaux et carton
Pompons
Masques

Collection ABC

Le livre de l'éveil
Le livre des 3-7 ans
le livre des 6-10 ans
Le livre des juniors
Activités pour toute l'année
Le livre de la fête
Le livre du papier
Le livre de la magie
Le livre des filles
Le livre des jeux d'intérieur
Le livre des jeux d'extérieur
Le livre des jeux de réflexion
Le livre de mon jardin
Le livre de cuisine des juniors
Le livre de la récup

Collection Les bricolous (livres-kits)

Chenilles douces
Mousse multicolore
Perles, jolis bijoux
Scoubidous rigolos
Bracelets brésiliens
Animaux en ballons
Feutres magiques
Window-décor
Origami facile
Maquillages de fête
Scoubidoux brillants
Stickers en folie
Coiffures et maquillages
Incroyables tours de magie
Tours de cartes faciles
Les échecs faciles